Bonjour,
Je suis Coco la grenouille.
On va apprendre à écrire
tout en nous amusant .
Je t ai mis des petits jeux aussi

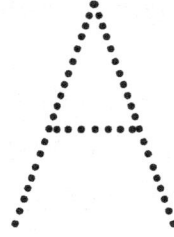

A

A
A
A
a
a
a

Abeille

Abeille

Abeille

Âne

Âne

Âne

B

B
B
B
b
b
b

Baleine

Baleine

Baleine

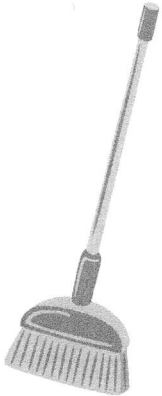

Balai

Balai

Balai

C

C

C

C

C

C

C

Cheval

Cheval

Cheval

Cochon

Cochon

Cochon

Chaque grenouille
à son nénuphar.
Il faut les relier

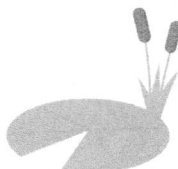

D

D D

D D

D D

d d

d d

d d

Dés

Dés

Dés

Douche

Douche

Douche

E

E E

E E

E E

e e

e e

e e

Escargot

Escargot

Escargot

Étoile

Étoile

Étoile

F

F

F

F

ff

ff

ff

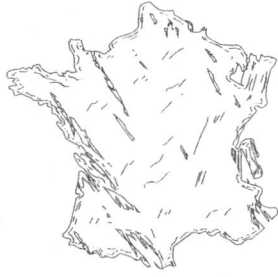

France

France

France

France

Fourmi

Fourmi

Fourmi

Aide mon ami Gugus
à retrouver sa carotte

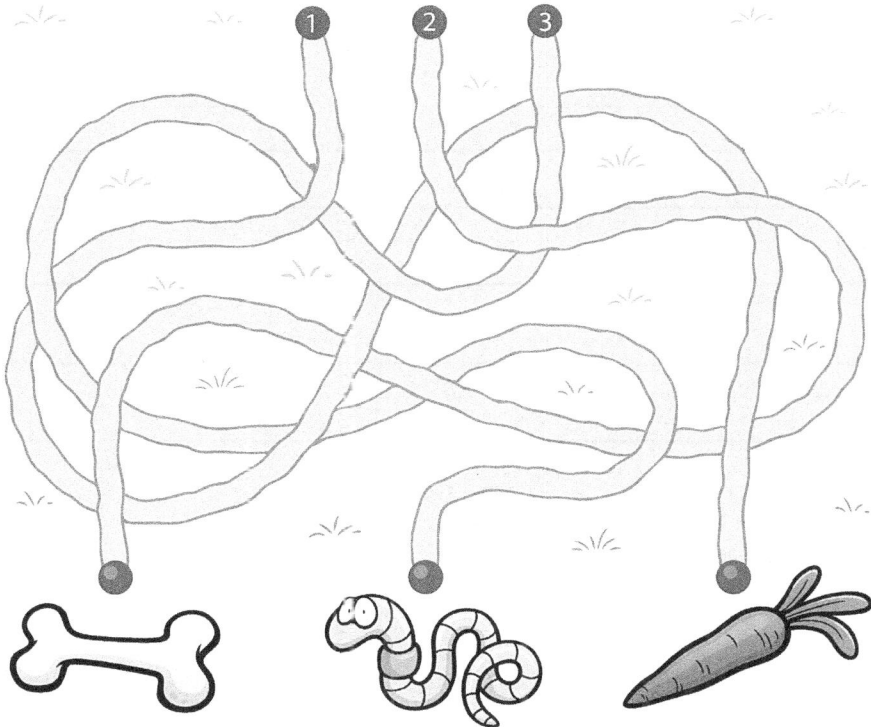

G

Gg Gg

Gg Gg

Gg Gg

gg

gg gg

g

Garage

Garage

Garage

Girafe

Girafe

Girafe

H

Hibou

Hibou

Hibou

Herbe

Herbe

Herbe

I

Île

Île

Île

Iguane

Iguane

Iguane

Zabel
cherche sa ruche
Peux tu l'aider ?

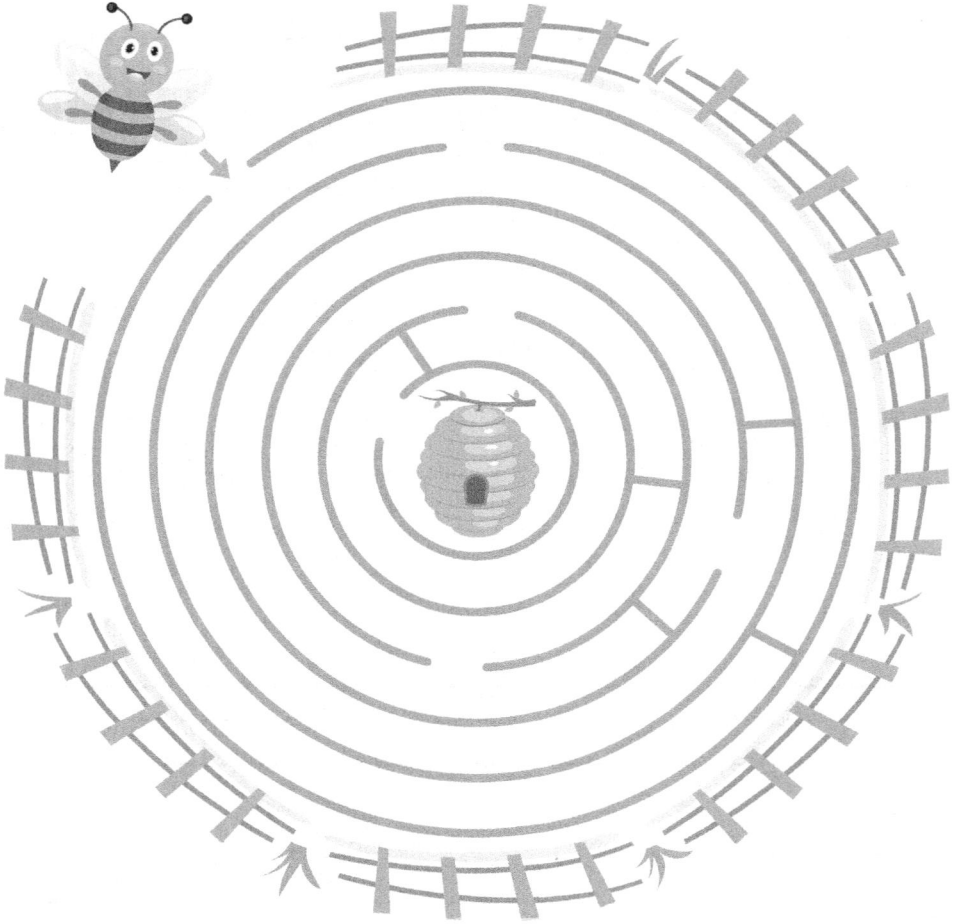

J

J
J
J
j
j
j

Jupe

Jupe

Jupe

Jaguar

Jaguar

Jaguar

K

K
K
K
K
K
K

Koala

Koala

Koala

Kangourou

Kangourou

Ka

L

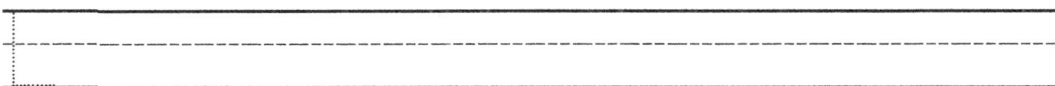

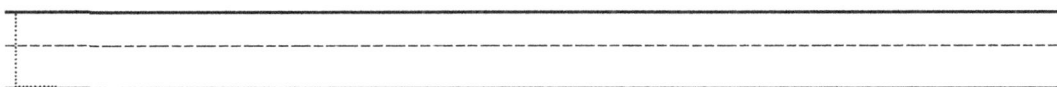

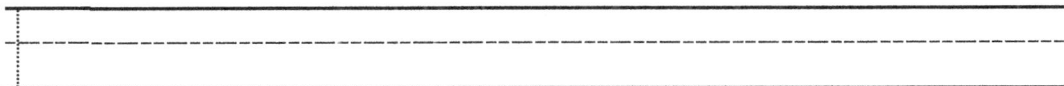

 Lunette

Lunette

Lunette

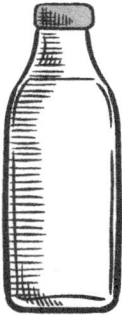 Lait

Lait

Lait

Où est l'autre partie du corps ?

M

M
M
M

m
m
m

Main

Main

Main

Manteau

Manteau

Manteau

N

N
N
N
n
n
n

Nez

Nez

Nez

Nez

Navire

Navire

Navire

Ours

Ours

Ours

Ours

Olive

Olive

Olive

Il suffit de relier les points . Tu peux colorier le dessin aux crayons couleurs

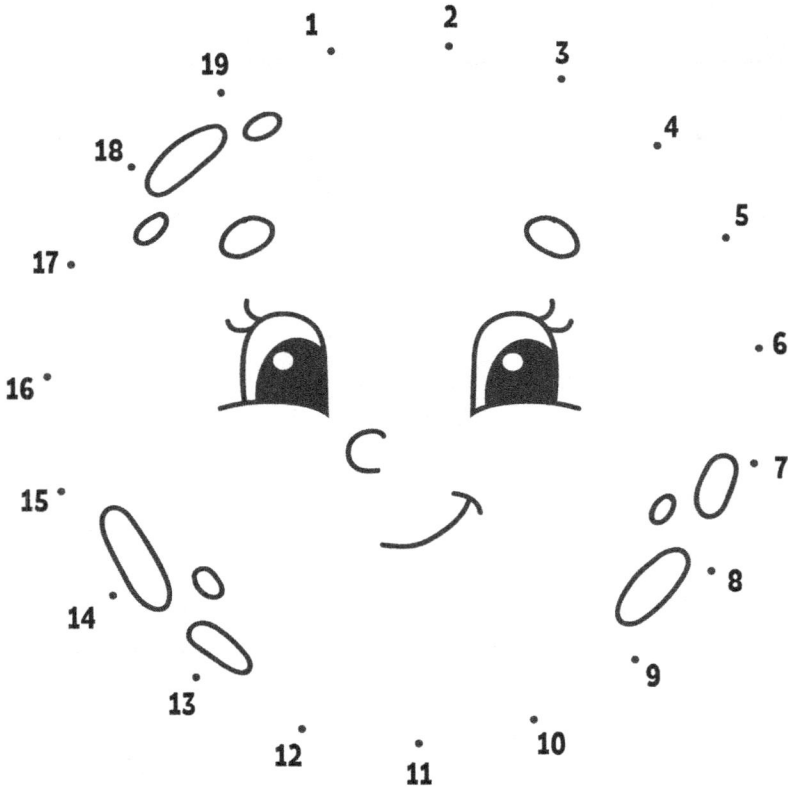

1 2 19 3 4 18 5 17 6 16 7 15 8 14 9 13 10 12 11

P

Poule

Poule

Poule

Poule

Poire

Poire

Poire

Qq Qq Qq Qq

R

R
R
R

r

r

r

Route

Route

Route

Râteau

Râteau

Râteau

S

S
S
S
s
s
s

Mon ami
Hector
recherche son ombre

1

2

3

4

Souris

Souris

Souris

Souris

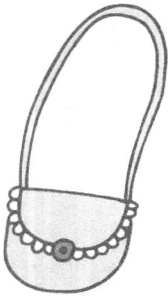

Sac

Sac

Sac

T

Tortue

Tortue

Tortue

Tigre

Tigre

Tigre

U

Il suffit de relier les points . Tu peux colorier le dessin aux crayons couleurs

V

V

V

V

V

V

V

Vache

Vache

Vache

Voiture

Voiture

Voiture

W

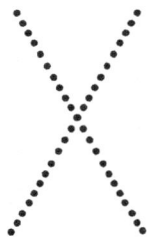

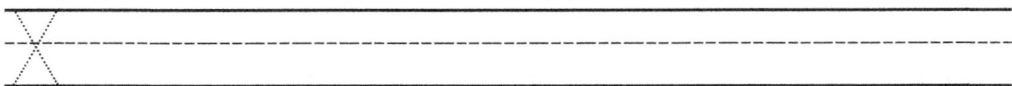

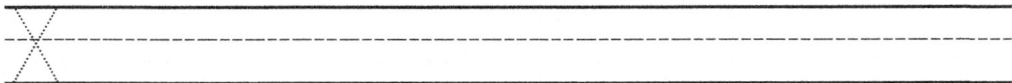

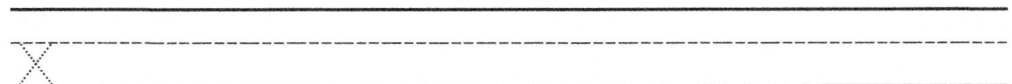

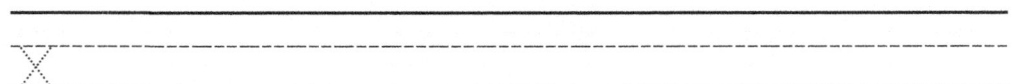

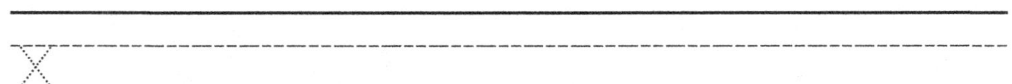

Y

Y

Y

Y

Y

Y

Y

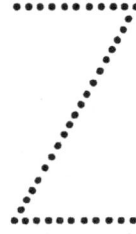

Z

Made in the USA
Las Vegas, NV
19 September 2025

28229025R00037